BEI GRIN MACHT SICH IHR WISSEN BEZAHLT

- Wir veröffentlichen Ihre Hausarbeit,
  Bachelor- und Masterarbeit

- Ihr eigenes eBook und Buch -
  weltweit in allen wichtigen Shops

- Verdienen Sie an jedem Verkauf

Jetzt bei www.GRIN.com hochladen
und kostenlos publizieren

GRIN

Bibliografische Information der Deutschen Nationalbibliothek:

Die Deutsche Bibliothek verzeichnet diese Publikation in der Deutschen National-
bibliografie; detaillierte bibliografische Daten sind im Internet über http://dnb.d-
nb.de/ abrufbar.

Dieses Werk sowie alle darin enthaltenen einzelnen Beiträge und Abbildungen
sind urheberrechtlich geschützt. Jede Verwertung, die nicht ausdrücklich vom
Urheberrechtsschutz zugelassen ist, bedarf der vorherigen Zustimmung des Verla-
ges. Das gilt insbesondere für Vervielfältigungen, Bearbeitungen, Übersetzungen,
Mikroverfilmungen, Auswertungen durch Datenbanken und für die Einspeicherung
und Verarbeitung in elektronische Systeme. Alle Rechte, auch die des auszugsweisen
Nachdrucks, der fotomechanischen Wiedergabe (einschließlich Mikrokopie) sowie
der Auswertung durch Datenbanken oder ähnliche Einrichtungen, vorbehalten.

Impressum:

Copyright © 2015 GRIN Verlag, Open Publishing GmbH
Druck und Bindung: Books on Demand GmbH, Norderstedt Germany
ISBN: 978-3-668-04641-2

Dieses Buch bei GRIN:

http://www.grin.com/de/e-book/306824/theorie-und-praxis-der-softwareprojektie-
rung

Lorenz Fleischhauer

Theorie und Praxis der Softwareprojektierung

Planung am Fallbeispiel eines Webshops

GRIN Verlag

GRIN - Your knowledge has value

Der GRIN Verlag publiziert seit 1998 wissenschaftliche Arbeiten von Studenten, Hochschullehrern und anderen Akademikern als eBook und gedrucktes Buch. Die Verlagswebsite www.grin.com ist die ideale Plattform zur Veröffentlichung von Hausarbeiten, Abschlussarbeiten, wissenschaftlichen Aufsätzen, Dissertationen und Fachbüchern.

Besuchen Sie uns im Internet:

http://www.grin.com/

http://www.facebook.com/grincom

http://www.twitter.com/grin_com

Lorenz Fleischhauer

Theorie und Praxis der Softwareprojektierung

Softwareprojektierung

Planung am Fallbeispiel eines Webshops

Inhaltsverzeichnis

A Planung von Softwareprojekten

1 Einleitung

1.1 Motivation

Die Informations- und Kommunikationstechnik (ITK) hat in der Wirtschaft mittlerweile einen essentiellen Stellenwert erlangt. Die Unterstützung der Prozesse mittels **ITK** liefert in nahezu jeder Branche und jedem Unternehmen einen nicht mehr wegzudenken Beitrag zur Sicherstellung von Effektivität und Effizienz. Gleichwohl hat eine einmal getätigte Investition in eine beliebige IT-Lösung in den seltensten Fällen langen Bestand. So müssen Updates der Software eingespielt werden, oder **Anpassungen** (Customizing, Entwicklung) vorgenommen werden, um Anforderungen des Marktes, der Kunden oder der eigenen Aufbau-/Ablauforganisation gerecht zu werden. Im geringen Umfang können diese Updates und Anpassungen im **Tagesgeschäft** einer IT-Abteilung vorgenommen werden.

Bei größeren Anpassungen, wie Rollouts von Lösungen von einem Land in ein anderes, Ersteinführungen von komplexer Software, wie ERP, oder dem hier unterliegenden Beispiel der Einführung eines Webshops, ist das Aufsetzen eines eigens dafür vorgesehenen Projektes unerlässlich[1].

---

[1] vgl. hierzu die **Projektarten** und deren Projekt-spezifische Besonderheiten: FRÖH-LICH/HEIDEN/HEYDEMANN (2002), S. 77ff.

Ein **Projekt** ist gem. DIN 69901 ein Einzelvorhaben mit folgenden Eigenschaften[2]:

1) Es verfolgt ein konkretes Ziel,
2) in einem definierten Zeitraum,
3) mit begrenztem Budget,
4) mit einer eigenen Organisationform und
5) ist klar abgegrenzt von anderen Vorhaben;
6) zudem ist es einmalig

Kritische Erfolgsfaktoren für ein Projekt sind nicht nur die Hauptaktivitäten, die zur hochwertigen Software *an sich* führen; hierzu zählen Analyse, Konzeption, Implementierung und Test. In Anbetracht der mit ca. 70-80% sehr hohen Quote an gescheiterten Projekten[3], kommt v.a. der **Planung**[4] ein zentraler Stellenwert zu, ein Projekt hinsichtlich Funktion, Zeit, Budget und Qualität erfolgreich[5] abzuschließen. Da größere Software-Projekte i.d.R. immer auch eine Auswirkung auf die Aufbau- und/oder Ablauforganisation haben, oder sogar die Ursache hiervon sind, ist das **Change-Management** (CM) ein weiterer kritischer Erfolgsfaktor, um mit Widerständen oder Akzeptanzproblemen von Mitarbeitern angemessen umzugehen, diese zu managen und weitestgehend zu vermindern[6]. Welchen Einfluss diese beiden Erfolgs-Faktoren haben, wird anhand der **größ-**

---

[2] vgl. FRÖHLICH/HEIDEN/HEYDEMANN (2002), S. 11
[3] Vgl. PATZAK/RATTAY (2009), S. 21 ff.
[4] vgl. FRIEDRICH/KUPTZ (2011), S. 7
[5] vgl. FRIEDRICH/KUPTZ (2011), S. 5
[6] vgl. WOLFF/BERNING (k.A.), S. 48 und 57ff. sowie
MEIER (2007), S. 172ff. und
KEITSCH (2007), S. 148ff. sowie
DOPPLER/LAUTERBURG (2014), S. 338ff. und 354ff.

ten Problempunkte von Projekten[7] ersichtlich, diese liegen in/bei (der):

1. Zieldefinition (Planung)
2. Personalproblemen (Change-Management)
3. Planungsproblemen (Planung)
4. Problemen hinsichtlich der Benutzerakzeptanz (Change-Management)

Dieses Buch setzt den Fokus auf den ersten Erfolgsfaktor, der *Planung* eines Softwareprojektes. Neben der allgemeinen Beschreibung dieser Phase wird auf die Vorgehensmodelle im Besonderen eingegangen und eine Auswahl für das hier unterlegte Fallbeispiel der W-AG eingegangen. Zudem wird als weitere Planungselemente eine Projektstruktur- und Projektablaufplanung für das Fallbeispiel ausgeführt.

1.2 Rahmenbedingungen

Für das fiktive **Fallbeispiel**, anhand dessen die exemplarische Planung eines Softwareprojektes verdeutlicht werden soll, gelten nachfolgende Annahmen bzw. Rahmenbedingungen.

Ein mittelständischer Werkzeughersteller, kurz die **W-AG**, beauftragt ein Beratungshaus, im Folgenden die Con-GmbH, mit der Projektierung eines Webshops. Die W-AG ist der Spin-Off eines alteingesessenen deutschen Maschinenbau-Unternehmens (hier **A-AG**); die Leitung ist konservativ und wenig interessiert an modernen Ansätzen, was bei der späteren Auswahl des Vorgehensmodells aufgegriffen wird. Kernkompetenz der W-AG ist die Herstellung und Ver-

---

[7] vgl. FRIEDRICH/KUPTZ (2011), S. 6ff.

edlung von Feinmechanik-Werkzeug. Neben der Herstellung von eigenen Werkzeugen, werden auch Handelswaren vertrieben. Vor dem Spin-Off zur W-AG war es ein eigener Bereich in der A-AG. Durch den Spin-Off soll nicht nur nach wie vor das Altunternehmen mit Werkzeugen versorgt werden, sondern auch der sonstige Bedarf anderer Unternehmen gedeckt werden. Um den Vertriebsweg unabhängig von teurem Vertriebspersonal zu halten, soll der Webshop als Zugang zu den Kunden dienen.

Das ausgewählte Beratungshaus, die **Con-GmbH**, stellt ein **Team** von 4 IT-Beratern

- 1 Projektmanager / Coach
- 2 Analysts / Entwickler
- 1 Tester

Die W-AG stellt 4 Fachbereichsvertreter aus

- Vertrieb
- Einkauf
- Produktion sowie
- IT / Organisation

Der IT-Mitarbeiter soll dem Projekt vollständig zur Verfügung stehen.

1.3 Die Projektphasen im Überblick[8]

Im Allgemeinen unterteilt sich ein Software-Projekt (bspw. bei Anwendung der Wasserfallmethode) in folgende **Phasen**:

- Projektstart
- Projektplanung
- Projektrealisierung
- Projektabschluss

Diesen Phasen übergreifend laufen die Projektsteuerung-/Projektcontrolling sowie die Projektdokumentation.

1.3.1 Projektstart

In der Phase 1. dem Projektstart erfolgen alle notwendigen Maßnahmen, die für die Projektplanung erforderlich sind, hierin fällt insbesondere das formelle Mandat des Projektes, der **Projektauftrag**. Dieser enthält alle grundsätzlichen Rahmendaten zum Projekt, wie das zentrale Projekt-Ziel; umzusetzende Anforderungen sowie formale Projekt-Eckdaten zu Zeiten, Kosten, Ressourcen und Risiken. Je nach Umfang des Projektes kann dieser grob umschrieben sein, da die Detailarbeit in der Projektrealisierungsphase erfolgt. Bei komplexen Projekten reichern umfassende Dokumente (wie ein Lastenheft) den Projektauftrag an.

Da die Angaben des Projektauftrages hins. Kosten, Nutzen, Terminen und Ressourcen ggf. nur auf Schätzangaben basiert, werden diese Angaben häufig mittels **Vorstudien** verifiziert und validiert. Bei komplexen Projekten erfolgt die Vorstudie wiederum als **Vorprojekt** ab. Innerhalb dieser Kosten-/Nutzen-Betrachtung werden auch Ab-

---

[8] vgl. FRIEDRICH/KUPTZ (2011), S. 7

wägungen zum „make or buy" der Projektleistung getroffen und festgelegt, in welchem Umfang das Projekt durch Externe unterstützt wird.

Um das Projekt offiziell zu beginnen, wird das **Kick-Off** durchgeführt. Innerhalb dessen werden die (zukünftigen) Projektteilnehmer sowie wichtige Stakeholder über wesentliche Angaben des Projektes, wie verfolgte Ziele, zentrale Anforderungen, Projektorganisation sowie Angaben zur Termin- und ggf. Kostensituation und Team- und Aufgabenschnitt informiert. Innerhalb des Kick-Off werden häufig auch Regelmeetings, Kommunikationswege und obligatorische Dokumentenvorlagen erläutert. Bei komplexen Projekten erfolgt das Kick-Off bei einer hohen Anzahl von Projektteilnehmern erst in der Projektplanungsphase, da im Kick-Off detailliertere Angaben zum Team- und Arbeitspaketschnitt bekannt gegeben werden müssen, die in der Phase des Projektstarts ggf. noch nicht vorliegen.

1.3.2 Projektplanung

Die Phase der Projektplanung dient zur allgemeinen Strukturierung des Projektes und zur gedanklichen Antizipation von Inhalten und Aktivitäten sowie sich der daraus ergebenden Kosten, Aufwände, Ressourcenbelastung.

Eines der ersten Schritte in der Projektplanungsphase ist die Festlegung des dem Projekt zugrunde liegenden **Vorgehensmodelles**. Dies ist erforderlich, da sich die Art der Planung teilweise sehr unterschiedlich sein kann. So unterscheiden sich die Vorgehensmodelle u.a. vollständig hinsichtlich Umfang und Vollständigkeitsgrad von

Analysen und Konzepten, Flexibilität im Scope/Zielsetzung und De-zentralisierungsgrad.

Bei den **klassischen Methodiken** –Wasserfall (WFM) und V-Modell (WM), ggf. ergänzt um Prototyping-Ansätze– erfolgt eine Gesamtbe-trachtung der zu analysierenden und zu konzipierenden Inhalte. Es werden voll umfängliche Analysen und Designs erstellt, die ggf. an-gereichert um Prototyping-Ansätze in Teilstadien den Fachberei-chen vorgestellt werden. Entsprechend umfassend erfolgt auch die Planung und Steuerung des Projektes. Bei reiner Anwendung des WFM oder VM erhält der Fachbereich vollständige Analysen und abgeschlossene Konzepte, die mittels nachstehendem Review zu korrigieren und am Ende abzunehmen hat. Ist ein Konzept erst ein-mal final, wird auf Basis dieses Standes die vollständige Implemen-tierung in der Folgephase vorgenommen. Eine spätere Erweiterung dieser einmal abgenommenen Konzepte bedeutet einen Change und wird entsprechend bewertet, genehmigt/abglehnt und i.d.R. erst zeitlich versetzt implementiert. Im Extremfall kann das durch die Fachbereiche aus dem SOLL-Konzept interpretierte Ergebnis stark von dem implementierten abweichen. Im schlimmsten Falle fällt dies erst zum GoLive auf, wenn das Software-Produkt zum ersten Mal im Arbeitsalltag verwendet wird.

Das **Prototyping** mildert diese Form ein wenig ab, da wesentliche Arbeitsstände oder Bestandteile des SOLL-Konzeptes als Teilreali-sierung dem Fachbereich gezeigt werden und dieser hieran eine gewisse Arbeitstauglichkeit ableiten kann.

Bei den **moderneren Ansätzen**, wie die agile Methodik - SCRUM, scaled agile framework (SAFe) etc.- wird im Gegenzug eine Anforderung jeweils innerhalb von 2-4 Wochen (sog. Sprint) implementiert, getestet und dem Fachbereich vorgestellt, sowie auch in eine Produktivumgebung transportiert[9].

Wasserfall-Modell sowie SCRUM werden auf das Fallbeispiel bezogen noch einmal detailliert im Kapitel 0 betrachtet. Die Planungsphase wird im Folgenden zur Vermeidung von weiteren gedanklichen Sprüngen auf die klassische Methodik bezogen.

Im Falle einer klassischen Methodik wird versucht, das Projekt im Gesamtverlauf gedanklich zu antizipieren und die vorzunehmenden Projekt-Aktivitäten inhaltlich zu strukturieren und zeitlich aufzuteilen. Die sich hieraus ergebenden Arbeitspakete werden Teilprojekten resp. Teams bis hin zur einzelnen Projektrolle (z.B. Analyst, Entwickler, Test etc.) zugeordnet.

Ergebnis dieser Phase ist einerseits die **Strukturplanung**, in Form eines Projektstrukturplans, der alle erforderlichen Projekt-Aktivitäten enthält; siehe hierzu auch das konkrete Beispiel in Abschnitt 2.3.

Ein weiteres wesentliches Ergebnis ist das vollständige **Projektorganigramm**, das die verschiedenen Gremien (Projektleitung, Lenkungsausschuss etc.) und die Teilprojekte und deren Rollen und Mitarbeiter beinhaltet.

Die zu verrichtenden Aktivitäten der einzelnen Rollen werden im **Projektablaufplan** auf die einzelnen Phasen aufgeteilt, z.B. mittels

---

[9] sog. possible-shippable-increments bei SAFe

eines GANTT-Diagramms, Netzplans o.ä. Wesentliche Erkenntnisse hieraus sind: Berechneter Start und Ende des Gesamtprojektes sowie der Teilprojekte und die sich hieraus ergebenden Ressourcenbelastungen und Kostensituationen sowie der kritische Pfad. Der **kritische Pfad** weist auf, wann eine Aktivität keine zeitlichen Puffer hat und jede Störung im Projekt, wie Ressourcenengpässe oder verspätete Vorgänger-Aktivitäten sofort zu einer Verzögerung des Gesamtprojektverlaufes führt.

Je nach Projektgröße und Vorgehensweise ist die Anforderungsanalyse auch Bestandteil dieser Phase[10]; im nachfolgenden Kapitel werden IST-Analyse und SOLL-Konzeption jedoch als Teil der Projektrealisierung behandelt.

1.3.3 Projektrealisierung

In dieser Phase erfolgt i.d.R. eine detaillierte **Analyse des Ist-Zustandes**, um Hintergründe und Schwächen der aktuellen Situation häufig per Gespräch mit den Fachbereichen zu erfassen. Häufig ist eine Analyse zudem nötig, da nur veraltete, unvollständige oder gar fehlende Dokumentation vorliegt und das Team nicht ausreichend Informationen für die Erstellung einer SOLL-Konzeption hat.

Mittels **Anforderungsanalyse und –aufnahme** werden die Erkenntnisse über den SOLL-Zustand erfasst und dokumentiert. Ergebnis der hierzu meist erforderlichen Workshops und Gespräche mündet in einem **SOLL-Konzept** über den detaillierten zukünftigen Zustand in Organisation, Soft- und Hardware.

---

[10] vgl. FRIEDRICH/KUPTZ (2011), S. 15

Die Fach- und ggf. technischen Konzepte werden bei klassischen Projekten abschließend erstellt und einem **Review** durch Fachbereiche u.a. unterzogen.

Nach Freigabe des Konzeptes erfolgt die technische Umsetzung qua Implementierung i.S. von Konfiguration/Customizig des Systems und Programmierung der Software-Programme.

Zur Qualitätssicherung von Software sind verschiedene **Test-Zyklen** zu durchlaufen. Der erste beginnt beim Entwickler selber (Unit-Test), hiernach eine ganze Funktion, die Integration sowie ein System getestet. Im klassischen Projekt-Umfeld geschieht dies aufbauend aufeinander.

In der Realisierung erfolgt zudem die Migrationsvorbereitung, die parallel zur Implementierung von **Funktionen** die Übernahme der Daten vorsieht. Für die **Migration** sind ebenfalls Analysen, Konzeption, Implementierung und Tests vorzusehen.

Um die Enduser auf die neue/geänderte Software vorzubereiten und Akzeptanz zu schaffen, werden diese mittels **Change-Management** und u.a. **Schulungsmaßnahmen** eingebunden und vorbereitet.

1.3.4 Projektabschluss

Diese letzte Phase beinhaltet den **Cut-over**, also die Übernahme von Daten in ein neues/verändertes System und die Aufnahme des operativen Geschäfts mit dem neuen/geänderten System.

Der offizielle Start dieser Aktivitäten ist der zentrale Eckpunkt eines Projektes, der **Meilenstein „GoLive"**.

Nach dem GoLive wird i.d.R. eine mehrwöchige/mehrmonatige **Be-treuungsphase** angeschlossen, in der die dann noch auftretenden Fehler behoben werden (bugfixing).

Die Projektakte wird im Folgenden geschlossen, die Dokumentation archiviert, die Projektorganisation aufgelöst.

Um aus den Fehlern des Projektes zu lernen wird eine **lessons-learned-Runde** anberaumt.

2 Fokus Projektplanung

Die **Phase** der Projektplanung dient zur allgemeinen Strukturierung des Projektes und zur gedanklichen Antizipation von Inhalten und Aktivitäten sowie sich der daraus ergebenden Kosten, Aufwände und Ressourcenbelastung.

Eines der ersten Schritte in der Projektplanungsphase ist die Festlegung des dem Projekt zugrunde liegenden **Vorgehensmodelles (VM)**. „Ein Vorgehensmodell organisiert einen Prozess der gestaltenden Produktion in verschiedene, strukturierte Abschnitte, denen wiederum entsprechende Methoden und Techniken der Organisation zugeordnet sind."[11]

Die frühe Festlegung des Vorgehensmodelles ist erforderlich, da sich die Art der Planung bedingt durch das jeweilige VM teilweise sehr unterscheiden sein kann. So unterscheiden sich die VM teilweise vollständig hinsichtlich

1) Umfang und Vollständigkeitsgrad von Analysen und Konzepten

2) Verbindlichkeitsgrad und Planungshorizont hinsichtlich Zeit, Budget und Ressourcen

3) Mindset/Mentalität

4) Teamorganisation[12]

5) Flexibilität im Scope (=Ziel o. Umfang des Projektes) und

6) Dezentralisierungsgrad der Entscheidung.

---

[11] OETTING, J. ET ALII (2015)
[12] Eigenschaften der **Teamorganisation** sind: 1. Aufgaben und Entscheidungen obliegen gesamter Gruppe 2. Ziel: Erarbeitung fachübergreifender, komplexer Lösungen 3. Vorteil: hohe Entscheidungsqualität (vgl. WOLFF/BERNING (2010), S. 76/77)

Neben dem im Fallbeispiel genannten VM respektive Methodiken gibt es noch weitere. Hierzu zählen das **V-Modell, Spiralmodell, Prototyping-Ansätze** und weitere **Entwicklungsprozessmodelle;** u.a. **Extreme Programming (XP) und Kanban**[13].

Ist die Methodik festgelegt, erfolgt die Planung mittels Komplexitätsreduktion. Hierbei wird das zentrale Projektziel (bspw. die Einführung eines Webshops) und mithin das komplexe Gesamtziel in besser durchdringbare, weniger komplexe, Teilziele heruntergebrochen; bspw. in Analyse, Konzeption etc.

Diesen Teilzielen werden die Aktivitäten zugeordnet, welcher zur Erreichung vonnöten sind. Dieser Vorgang bzw. die Darstellung erfolgt mit der **Projektstrukturplanung (PSP)**[14]; „Der PSP ist eine graphische Übersicht, die Arbeitsinhalte und Objekte abgrenzt. Basis für den PSP können Objekte, Aufgaben oder Phasen sein"[15].

Um aus den Teilzielen und Aktivitäten eine zeitliche, kosten- und Ressourcen-seitige Planung durchzuführen, wird nun die **Projektablaufplanung**[16] **(PrAP)** durchgeführt. Aus dem PrAP gehen nun berechneter Start und Ende des Gesamtprojektes sowie der Teilprojekte hervor, die Rollen und deren Belastung (Aufwände), die Kosten und der **kritische Pfad.**

---

[13] vgl. WOLF (2011), S. 113-139 sowie
     vgl. FRIEDRICH/KUPTZ (2011), S. 15
[14] vgl. PMI (2003), S. 57ff. sowie
     vgl. FRÖHLICH/HEIDEN/HEYDEMANN (2002), S. 193ff.
[15] MEIER (2007), S. 249
[16] vgl. PMI (2003), S. 65ff. sowie
     vgl. FRÖHLICH/HEIDEN/HEYDEMANN (2002), S. 210ff.

Die Rollen werden nun den Mitarbeitern zugeordnet; die gesamte Zusammenstellung von Teilprojekten/Teams und Mitarbeitern ist im **Projektorganigramm**[17] ersichtlich.

In den folgenden Abschnitten wird auf die Fallstudie des W-AG und der Einführung des Webshops eingegangen.

2.1 Festlegung der Projektmethodik

Um für nächste Projekte weitestgehend unabhängig von methodischer Unterstützung von Beratungshäusern zu sein, lässt sich die W-AG detailliert die Eigenschaften sowie Vor- und Nachteile zwei empfohlener, grundverschiedener Vorgehensmodelle für Software-projekte vorstellen. Einerseits hat die W-AG Interesse an einer klassischen Methodik (Wasserfall) und an einer modernen (SCRUM). Die Con-GmbH bedient sich bei der Vorstellung von SCRUM auch den Elementen des SAFe[18], wie der Road Map[19]. Dies wählt die Consultancy bewusst, um dem konservativen Verständnis ihres Kunden gerecht zu werden und ein agiles Projekt dennoch planbarer zu vermitteln.

---

[17] vgl. NIEDEREICHHOLZ (2010), S. 289ff. sowie
   vgl. FRÖHLICH/HEIDEN/HEYDEMANN (2002), S. 135ff.
[18] **scaled-agile-framework**; vgl. SCALED AGILE INC. (2015), scaled agile framework 3.0, http://www.scaledagile framework.com/
[19] vgl. SCALED AGILE INC. (2015): http://saiframeworkbalancer-762644628.us-east-1.elb.amazonaws.com/roadmap/

2.1.1 Wasserfall-Modell[20]

Das **Wasserfall-Modell** (WM) ist der klassische Ansatz. Er ist ein „…linear und sequentiell aufgebauter Ansatz der Softwareentwicklung, der für jede Entwicklungsphase bestimmte Ziele vorgibt. Sobald eine Entwicklungsphase beendet ist, werden die Ergebnisse an die jeweils nächste Phase übergeben. An keiner Stelle erfolgt ein Rückgriff auf frühere Phasen […].“[21]

Hierbei werden die üblichen Projektphasen sequentiell abgearbeitet:

1) ggf. Vorstudie
2) Projektplanung
3) IST-Analyse
4) SOLL-Konzeption
5) Implementierung
6) Tests
7) ggf. Migration
8) GoLive und Betreuungsphase

Jede dieser Phasen enthält einen **Meilenstein**; ein „…Meilenstein umfasst eine Menge von Aktivitäten innerhalb eines Projektverlaufes. Es handelt sich hierbei um überschaubare Prozesse und Funktionen, die zu einem bestimmten Zeitpunkt vollständig abgeschlossen sein müssen.“[22]

Besonders wichtige Meilensteine sind das **Review** des Fachkonzeptes (ad 4) sowie der **Anwender-Abnahme-Test** (ad 6) - beides

---

[20] vgl. OGC (2009), S. 256ff. und
vgl. POHL/RUPP (2010), S. 13
[21] OGC (2009), S. 364
[22] MEIER (2007), S. 248

durchzuführen durch die Fachbereiche. „Im Review wird ein vorgelegtes Ergebnis im Rückblick auf Planung, Qualität und Funktionalität kritisch begutachtet."[23]

Der wichtigste Meilenstein ist der **GoLive**, da erst ab diesem Zeitpunkt das System vollständig operativ nutzbar ist.

Die Bezeichnung Wasserfall deutet daraufhin, dass jede Phase kaskadenartig wie ein Wasserlauf fließt; später entdeckte Korrekturen in einer Folgephase, deren Ursache in einer Vorphase liegen, bedeuten immer ein „gegen den Strom schwimmen" und bedeuten zusätzlichen Aufwand und mithin zusätzliche Projekt-Kosten.

Werden bspw. erst in der Implementierungsphase inkonsistente Anforderungen aufgedeckt, sind bereits Kosten für eine suboptimale Lösung angefallen, zudem fallen weitere Aufwände an, um das bereits abgenommene Konzept zu korrigieren und erneut in einen Review zu geben sowie die Implementierung auf Basis der neuen Erkenntnisse nachzuziehen.

Beim Wasserfall werden Konzepte und die darauf basierenden Entwicklungen und Tests ganzheitlich erstellt und nicht inkrementell. D.h. die Analysten machen sich mit dem Fachbereich grundlegende und abschließende Gedanken zur Software-Lösung; dieses Konzept liegt in einem Guss vor. Bei komplexen Projekten ist es aber der Gefahr ausgesetzt, dass es jedoch wesentliche Aspekte nicht ausreichend beleuchtet hat, oder dass wesentliche Erkenntnisse zum Zeitpunkt der Konzeption noch gar nicht vorlagen, aber direkten Einfluss auf die Gesamtlösung haben.

---

[23] MEIER (2007), S. 249

2.1.2 Agile Methodik[24]

Bei der **agilen Methodik** werden folgende Grundannahmen getroffen:

1. Analysen und Konzepte werden nicht voll umfassend erstellt, sondern inkrementell und fortlaufend.

2. Eine Planung von agilen Projekten erfolgt häufig nur bezogen auf einen geringen Zeithorizont von wenigen Wochen (=Sprint), bei manchen Formen (SAFe) auch über mehrere Monate in Form einer Road Map, die ähnlich zu einem klassischen Projektplan zu verstehen ist, aber die nur für den Horizont von einem Release[25] verlässlich planbar ist und mit zunehmender Zukunftsorientierung nur unter starken Vorbehalt steht.

3. Einen festen Endtermin in Kombination mit einem fest vereinbarten Scope[26] gibt es nicht, da der Scope, genau wie die Road Map, rollierend überarbeitet wird. Entscheidend für den Scope ist jeweils die aktuelle Priorität und der wirtschaftliche Benefit einer Anforderung resp. Implementierung.

4. Statt einer klassischen hierarchischen Projektorganisation wird Team-orientiert gearbeitet[27].

Das Entwicklungsteam – das Design-Build-Test-Team oder auch Agile Team[28] (**DBT**) – ist zuständig für Analyse, technische Imple-

---

[24] vgl. WOLF (2011), S. 12-23
[25] In ein **Release** besteht aus mehreren Sprints, die jeweils Unternehmens-spezifisch zw. 2-4 Wochen einnehmen, innerhalb dessen die Planung, Analyse, Implementierung das Testing durchgeführt wird. (vgl. SCALED AGILE INC. (2015): http://www.scaledagileframework.com/release/)
[26] Der **Scope** ist ein Synonym für inhaltlicher Umfang des Projektes bzw. Zielsetzung
[27] vgl. WOLF (2012), S. 9-10

mentierung und Tests derselben. Folglich wird die für einen Sprint vorgesehene Anforderung, weiter analysiert und auch im selben Sprint entwickelt und getestet, hiernach wird diese in die Produktivumgebung eingespielt.

Im Fallbeispiel besteht das DBT-Team aus den externen zwei Analysten/Entwicklern und dem Tester. Der interne IT-Mitarbeiter fungiert als Product-Owner[29] (**PO**), welcher die fachlichen Anforderungen aus den Fachbereichen bündelt und mittels kleiner Anforderungsdokumente - Story-Cards - an das Team übergibt. Der Coach der Con-GmbH würde neben dem Coaching der W-AG für die sie noch unbekannte Methodik die Rolle des Agile- oder Scrum-Masters[30] (**AM**) übernehmen, welcher im SCRUM dafür sorgt, dass das DBT-Team optimal arbeiten kann.

Von der Con-GmbH wird ein operativer Planungshorizont (**Sprint-Länge**[31]) von 2 Wochen empfohlen, um die Planbarkeit und feedback-Schleifen zu den Implementierungen kurz zu halten.

Die Con-GmbH erläuterte zudem die Notwendigkeiten von einigen Regelmeetings dieses Ansatzes:

1) So ist ein tägliches 15 Minütiges **Daily-Stand-Up oder Daily Scrum**[32] durchzuführen, in dem erledigte, zu bearbeitende Themen und Probleme erläutert werden.

---

[28] vgl. SCALED AGILE INC. (2015): http://saiframeworkbalancer-762644628.us-east-1.elb.amazonaws.com/agile-teams/

[29] vgl. SCALED AGILE INC. (2015): http://saiframeworkbalancer-762644628.us-east-1.elb.amazonaws.com/product-owner/

[30] vgl. SCALED AGILE INC. (2015): http://saiframeworkbalancer-762644628.us-east-1.elb.amazonaws.com/scrum-master/ oder vgl. WOLF (2012), S. 38

[31] vgl. WOLF (2012), S. 12-13 und 17

[32] vgl. WOLF (2012), S. 15

2) In den Sprints müssen neue unbekannte Anforderungen (Sto-ries) aus einem priorisierten Arbeitsvorrat (Product-Backlog[33]) in kurzen Anforderungskarten (Story-Cards) vom PO dem Team in einer **Story-Time** o. Backlog Grooming[34] vorgestellt werden. In diesen Anforderungskarten sind auch Abnahme-(Akzeptanz-)Kriterien formuliert, gegen die der Tester die Im-plementierungen testet. Innerhalb der Story-Time gibt das DBT-Team Schätzungen hins. der Komplexität/Aufwands[35] ab; eine **Schätzmethode**[36] ist der Planning-Poker[37], bei dem jeder Spieler bei Startsignal seine Schätzung zeitgleich mit seinen Team-Kollegen in Form einer Spielkarte benennt. Star-ke Abweichungen in der Evaluierung führen zu Klärung der Diskrepanzen, die zu einer erneuten Schätzrunde führen. Die-se Schätzung wird iterativ durchgeführt, bis eine einhellige Meinung zum Aufwand/Komplexität besteht.

3) Mit Beginn eines jeden Sprints hat ein **Planning**[38] zu erfolgen, in dem das DBT-Team die bekannten und taxierten Stories -

---

[33] vgl. WOLF (2012), S. 30
[34] vgl. WOLF (2012), S. 33
[35] Die Evaluierung in Aufwand ist eine klassische Bewertung; agilere Evaluierung be-stimmen lediglich eine Komplexität einer Anforderung, bspw. in Form einer **Fibonacci-Folge** (vgl. FÄRBER (2015)); dies sind Zahlen 1,2,3,5,8,13, 21, 34, 55, 100 Die Ab-stände werden deswegen immer größer, da mit zunehmender Komplexität einer Anfor-derung eine genaue Bestimmung entsprechend ungenauer zu bestimmen ist. Statt einer klassischen Team-Kapazität in Stunden (für bspw. eine Sprintlänge von 2 Wo-chen) kristallisiert sich bei der Bestimmung von Komplexitäten eine sog. Team-**Velocity** für das Team aus. Eine einmal eingespieltes DBT-Team kann so nach einer gewissen Zeit von sich behaupten, dass es bspw. immer eine Komplexität von 30 (Ein-heit = Story-Points) pro Sprint schafft.
[36] vgl. FRIEDRICH/KUPTZ (2011), S. 28ff.
[37] vgl. WOLF (2012), S. 12
[38] vgl. WOLF (2012), S. 12-14

moderiert durch den AM - einplant und deren **Commitment**[39] hierzu abgibt.

4) Am Ende eines jeden Sprints werden die Ergebnisse in Form eines **Reviews**[40] dem PO vorgestellt; dieser weist ggf. auf Ergänzungen hin. 5) Damit die Zusammenarbeit ständig optimiert werden kann, wird am Ende des Sprints eine **Retrospektive**[41] eingestellt; hier wird der vergangene Sprint noch einmal hinsichtlich der Zusammenarbeit betrachtet. Gemeinsam wird analysiert, worin Behinderungen bestanden und Optimierungen diskutiert.

Grundeigenschaft dieser Methodik ist die starke Mitbestimmung des DBT-Teams im Gesamtzusammenhang sowie der Ansatz, dass das Konzept nicht erst als Ganzes fertig gestellt wird und dann die Entwicklung begonnen wird. Vielmehr entwickelt sich das Produkt (hier der Webshop) fortlaufend auf Basis der aktuellen Erkenntnisse und der jeweiligen Prioritäten des PO, als Vertreter des Fachbereiches, weiter.

Damit der *laufende* Sprint nicht durch Umpriorisierung und neue Erkenntnisse chaotisch wird, wird ein Sprint als ein **geschützter Raum**[42] betrachtet; d.h. das Team arbeitet einen einmal eingeplanten und begonnen Sprint ordentlich/wie eingeplant! ab, ohne dass es noch Veränderungen in den Anforderungen gibt. Korrekturen aufgrund neuer Erkenntnisse des PO werden erst im Folgesprint be-

---

[39] Zustimmung und Übernahme der Verantwortung des DBT-Teams, dass die eingeplanten Stories für den Sprint auch am Ende des Sprints fertig gestellt werden. (vgl. WOLF (2012), S. 26)
[40] vgl. WOLF (2012), S. 19 und S. 83
[41] vgl. WOLF (2012), S. 23-24
[42] vgl. WOLF (2012), S. 85

rücksichtigt. Korrekturen dieser Art gelten nicht als Bugs, sondern als neue Anforderungen.

2.1.3 Entscheidung

Da die W-AG aus einem konservativen Umfeld kommt, werden beide Ansätze zwar goutiert, jedoch schreckt der immense Kommunikationsaufwand und nicht-hierarchische Ansatz des agilen Modells ab.

Der Auftraggeber W-AG befürchtet fehlenden Durchgriff bei der agilen Methodik im Falle einer Eskalation; ihm fehlt der zentralverantwortliche Projektleiter. Zudem sind die Mitspracherechte des DBT-Teams im Gesamtprojekt für die W-AG zu progressiv.

Deswegen entscheidet sich die W-AG für die Wasserfall-Methode.

2.2 Projektorganisation[43]

Mit Festlegung der klassischen Projektmethodik kann nun die Projektorganisation, ausgedrückt im Projektorganigramm, aufgesetzt werden. Im klassischen Umfeld bedeutet dies:

1) ein zentral-verantwortlicher Projektleiter (PL)

2) der Lenkungsausschluss (LA)

3) Je Teilgebiet ein Teilprojektleiter (TPL).

Als PL wird der Projektmanager (PM) der Con-GmbH gewählt, ein weiterer interner PL ist aufgrund der Projektgröße nicht erforderlich. Im LA wird der kaufmännische und technische GF der W-AG eingesetzt, sowie ein Management-Vertreter der A-AG.

---

[43] vgl. NIEDEREICHHOLZ (2010), S. 289ff. sowie vgl. FRÖHLICH/HEIDEN/HEYDEMANN (2002), S. 135ff.

Ein Vertreter des Betriebsrates (BR) ist bei diesem Projekt wegen der geringen direkten Implikationen für die Mitarbeiter nicht erforderlich; dennoch wurde vereinbart, den BR stets proaktiv über den Fortschritt zu informieren.

Das Kernteam wird folgendermaßen aufgebaut: Analysen und Anforderungsaufnahmen, sowie User-Abnahme-Tests werden durch den internen IT-Mitarbeiter mit den Fachbereichsvertretern für Einkauf, Verkauf und Produktion vorgenommen.

Der externe Analyst unterstützt den IT-Mitarbeiter hierbei und erstellt die technischen und fachliche Dokumentation sowie Abstimmung mit den Entwicklern.

Die Entwickler customizen/konfigurieren den Webshop und entwickeln die Programme, welche der Tester QA-sichert.

2.3 Projektstrukturplan[44] (PSP)

Im PSP werden die wesentlichen Arbeitspakete in einer hierarchischen Darstellung aufgeführt. Folgende **Hauptaspekte** sind bei der Einführung des Webshops zu analysieren, konzipieren und zu entwickeln:

1) Ein ansprechender GUI
2) Die Integration zu dem eigenen ERP-System
3) Die Ein- und Anbindung von Eigen-Produkten (Materialien) und Fremdkatalogen für Werkzeuge

---

[44] vgl. PMI (2003), S. 57ff. sowie vgl. FRÖHLICH/HEIDEN/HEYDEMANN (2002), S. 193ff.
Definition von **Projektstrukturplan**: „Der PSP ist eine graphische Übersicht, die Arbeitsinhalte und Objekte abgrenzt. Basis für den PSP können Objekte, Aufgaben oder Phasen sein", MEIER (2007), S. 249

4) Die Anbindung der A-AG-Systeme an Webshop für spezifische Abwicklungen

5) Die Anbindung an externe Zahlsysteme

6) Die Einbeziehung von Kunden-Feedback zur Usability.

Das **Change-Management** und auch **Schulungen** für Mitarbeiter im *voll-umfänglichen* Stil entfällt bei diesem Projekt, da es nur geringe Auswirkung auf interne Mitarbeiter hat (vgl. Einbeziehung BR). Die Schulung erfolgt primär intern zw. dem IT-Mitarbeiter und seinen Kollegen.

Der PSP für das Projekt „Einführung eines Webshops" befindet sich bei **Abb. 1**

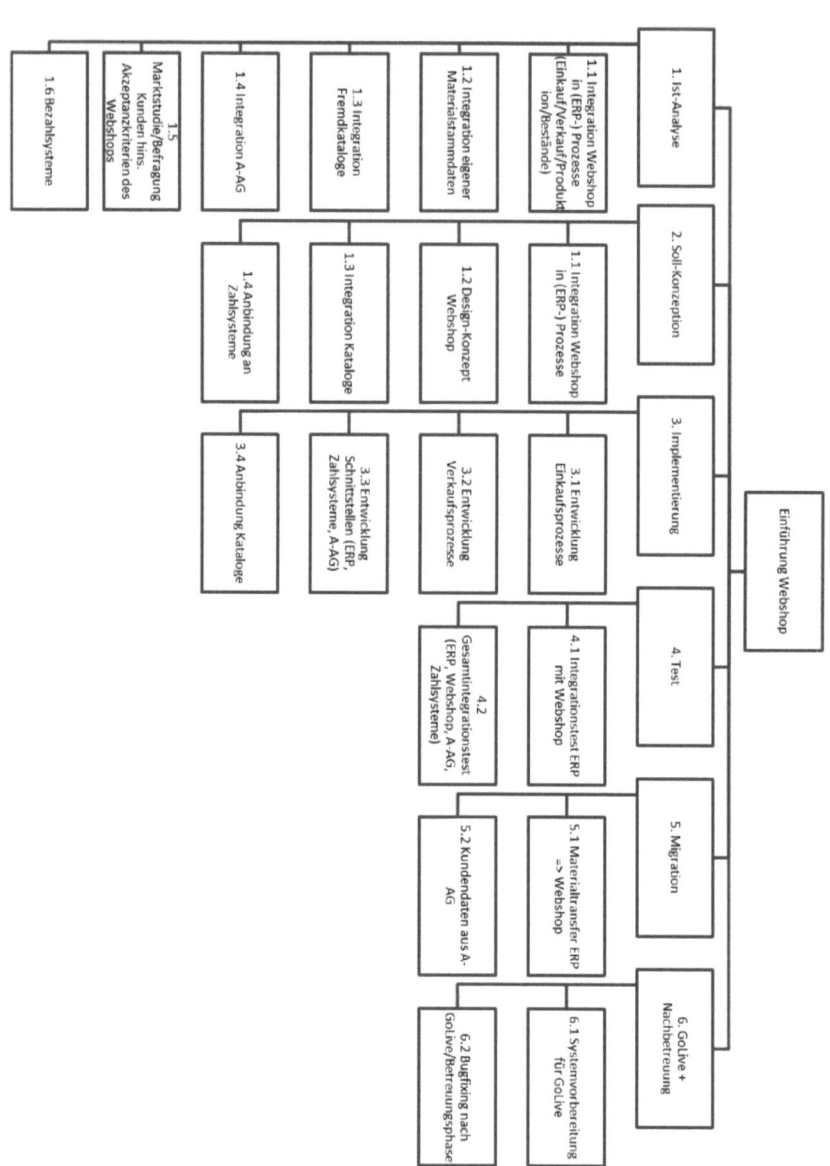

Abbildung 1: Projektstrukturplan

2.4 Projektablaufplan[45] (PrAP)

Beim PrAP werden die Projektphasen (hier nur Realisierung), mit Arbeitspaketen und Aktivitäten sowie Meilensteinen bspw. in einer **GANTT[46]-Darstellung** aufgeführt. Die Aufwände und Kosten je Aktivität werden ebenfalls in den Projektplan eingearbeitet und die Ressourcen den Aktivitäten zugeordnet. Sich hieraus ergebende Kapazitäts-Engpässe werden geklärt. Am Ende wird verifiziert, ob der von dem AG festgelegte GoLive-Termin zu halten ist, welche kritische Pfade es gibt und es werden Optimierungen durchgeführt, die zu einem Ausgleich von Kosten, Fertigstellungs-Zeitpunkt, Qualität, Funktionsumfang und Ressourcenbelastung führen.

In dem PrAP wurden primär die Aktivitäten und Arbeitspakete der *Projektrealisierungsphase* zur Entwicklung des Webshops auf die Zeitachse gelegt. Die Projektplanung, -steuerung und -dokumentation sowie lfd. Projektmanagement-Aktivitäten und Serientermine (Jour Fixe, SteerCo etc.) wurden der Übersicht-halber entfernt; sie würden allerdings parallel zum Gesamtprojekt verlaufen.

Die Meilensteine sind als Rauten ersichtlich u. markieren Fixpunkte des Projektes, zu denen jeweils eine Phase abgeschlossen wird. Das Gesamtprojekt läuft von Februar bis August.

Der PrAP für das Projekt „Einführung eines Webshops" befindet sich bei **Abb. 2**

---

[45] vgl. PMI (2003), S. 65ff. sowie vgl. FRÖHLICH/HEIDEN/HEYDEMANN (2002), S. 210ff.
[46] Definition von **GANTT-Chart**: „Ein Gantt-Chart stellt die zeitliche Abfolge von Aufgaben in Form von Balken auf einer Zeitachse dar." (OGC (2009), S. 83)

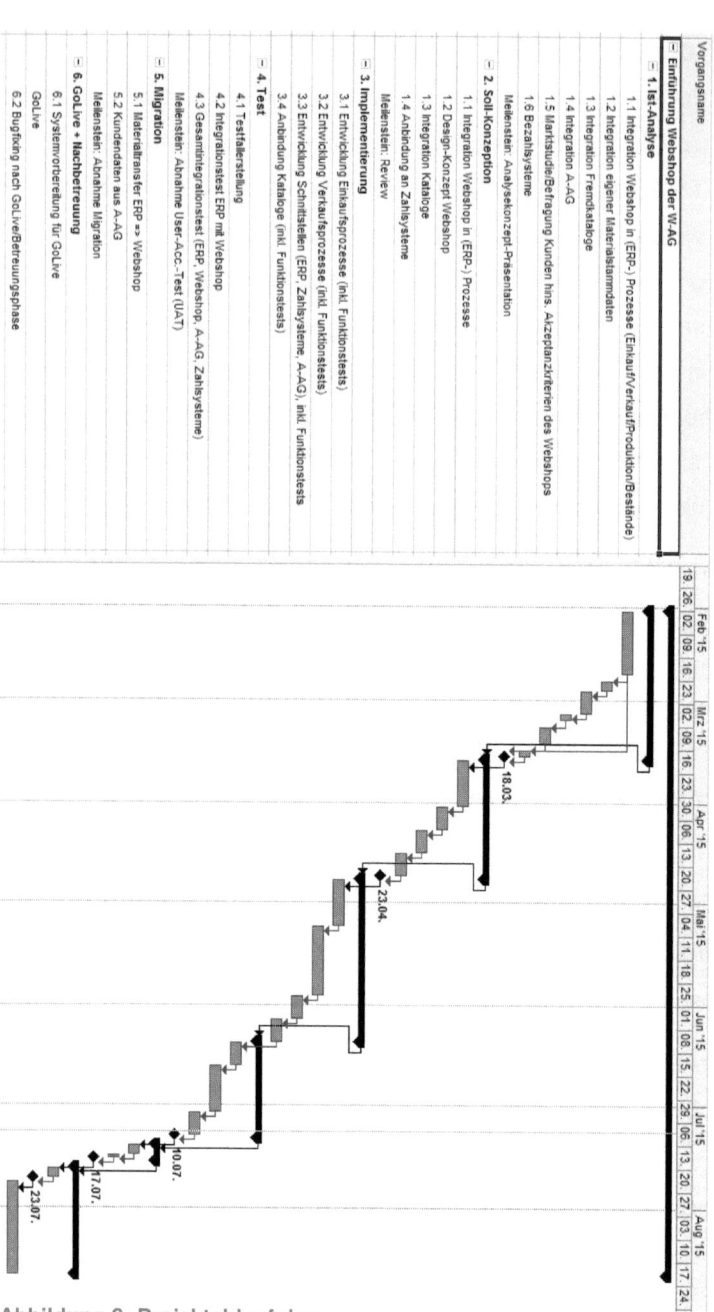

Abbildung 2: Projektablaufplan

3 Zusammenfassung

Unternehmen sind im hohen Maße abhängig von **IT-Lösungen**. Diese sind jedoch nicht statisch, sondern unterliegen **Änderungen**. Kleine Änderungen der IT-Lösungen können ohne Projekte erfolgen, große und komplexe Anpassungen hingegen müssen mit einem **Projekt** durchgeführt werden.

Kritische **Erfolgsfaktoren** sind die Einbeziehung der Mitarbeiter in den Change-Prozess und eine angemessene Planung des Projektes.

Die **Projektplanung** ist Fokus dieses Buches; neben dieser sehr wichtigen Projektphase wurden auch die anderen typischen Phasen eines Projektes kurz beschrieben.

Es wurde erläutert, dass es unterschiedliche **Vorgehensmodelle** gibt, die maßgeblichen Einfluss auf die Art der Projektplanung und die v.a. die Durchführung desselben haben.

Herausgestellt wurden zwei bekannte Vorgehensmodelle; einerseits das klassische Wasserfallmodell, welches einen ganzheitlichen Ansatz hins. der Inhalte und Projektphasen verfolgt und somit einen klaren Überblick über Beginn, Verlauf und Ende des Projektes vermittelt, sich aber der Gefahr aussetzt, Inhalte nicht (ausreichend) zu berücksichtigen. Andererseits die agile Methodik (SCRUM, SAFe), welche ihre Stärke in der Teamorientierung hat und in der Einsicht, dass eine ganzheitliche Planung von Projekten nur schwer möglich ist, weswegen ein inkrementeller Ansatz verfolgt wird. Nachteil der agilen Methodik ist der erhöhte Aufwand im operativen Projektablauf, zudem ist sie nur im geringeren Maße verbindlich in der Auskunft über Verlauf und Ende des Projektes.

Weitere wesentliche Aktivität der Projektplanung ist die Erstellung des **Projektstrukturplans**, welcher die Aktivitäten für das Hauptziel des Projektes grob aufgliedert.

Zudem wurde die sehr wichtige **Projektablaufplanung** erläutert, welche die Aktivitäten in deren chronologischen Verlauf darstellt, Interdependenzen zu anderen Aktivitäten verdeutlicht und Aussagen über Projektstart, -ende sowie kritische Pfade und Ressourcen- und Kostenimplikationen aufzeigt.

Anhand eines **Fallbeispiels** des Unternehmens W-AG, welches eine Neueinführung eines Webshops in Zusammenarbeit mit dem Beratungshauses Con-GmbH projektiert hat, wurden sowohl konkrete Erläuterungen zur Auswahl des Vorgehensmodelles, der Projektstruktur- und Projektablaufplanung vorgenommen.

B Verzeichnisse

1 Literaturverzeichnis

Wolff, R.; Berning, R. (2010)	Prozessorganisation, Change Management und Organisationstechniken, UFU502, Stuttgart 2010
Geipel, P. (2003)	Der IT-Projektmanager, München 2003
Friedrich, D.; Kuptz, M. (2011)	Fallstudie Software-Projekt, SWE301, Case Study: Bewertung eines Software-Projektes, Stuttgart, 2011
Fröhlich, U.; Heiden, A.; Heydemann, T. (2002)	IT-Projektmanagement, Bonn 2002
Niedereichholz, C. (2010)	Unternehmensberatung, Band 1,5. vollständig neu bearbeitete Auflage, München 2010
Doppler, K.; Lauterburg, C. (2014)	Change Management, 13. aktualisierte und erweiterte Auflage, Frankfurt a.M. 2014
Keitsch, D. (2007)	Risikomanagement, Stuttgart 2007
Wolf, H. (2012)	Agile Projekte mit Scrum, XP und Kanban im Unternehmen durchführen, 1. Auflage, Heidelberg 2012
Meier, M. (2007)	Projektmanagement, Stuttgart 2007

Project Management Institute, PMI (2003)	A guide to the project management body of knowledge,Pennsylvenia 2003
Office of Goverment Commerce, OGC (2009)	Erfolgreiche Projekte managen mit Prince2, 5. Ausgabe, Norwich 2009
Friedrich, D. (2001)	Software Softwareentwicklung Lerneinheit 2, Stuttgart 2001
Oecking, G. (2001)	Projektmanagement und Projektcontrolling, Stuttgart 2001
Patzak, G.; Rattay, G. (2009)	Projektmanagement, Wien 2009
Schelle, H. (2010)	Projekt zum Erfolg führen, München 2010
Pohl, K.; Rupp, C. (2010)	Basiswissen Requirements Engineering, 2. Auflage, Essen/Nürnberg 2010
Färber et alii (2015)	Wikipedia: Fibonacci-Folge, URL: https://de.wikipedia.org/wiki/Fibonacci-Folge, Abruf vom 17.07.2015
Scaled Agile Inc. (2015)	Scaled Agile Framework (SAFe) 3.0, URL: http://www.scaledagileframework.com/, Abruf vom 17.07.2015
Oetting, J. et alii (2015)	Wikipedia: URL: https://de.wikipedia.org/wiki/Vorgehensmodell, Abruf vom 17.07.2015

2 Abbildungsverzeichnis

3 Abkürzungsverzeichnis

Abkürzung	Bedeutung
Bsp.	Beispiel
d.h.	das heißt
UAT	User-Acceptance-Test (Endandwendertest)
ITK	Informations- und Kommunikationstechnik
hins.	hinsichtlich
bspw.	beispielsweise
u.a.	unter anderem
o.	oder
PL	Projektleiter
TPL	Teilprojektleiter
LA	Lenkungsausschuss
AG	Auftraggeber
PO	Product-Owner
AM	Agile-Master / Scrum-Master
DBT	Design-Build-Test-Team
BR	Betriebsrat
zw.	zwischen

Abkürzung	Bedeutung
u.	und
PrAP	Projektablaufplan
PSP	Projektstrukturplan
WM	Wasserfallmodell
VM	Vorgehensmodell
sog.	so genannte
resp.	respektive
Abb.	Abbildung

BEI GRIN MACHT SICH IHR WISSEN BEZAHLT

- Wir veröffentlichen Ihre Hausarbeit,
  Bachelor- und Masterarbeit

- Ihr eigenes eBook und Buch -
  weltweit in allen wichtigen Shops

- Verdienen Sie an jedem Verkauf

Jetzt bei www.GRIN.com hochladen
und kostenlos publizieren